Take Time for Easter
Descubre la Semana Santa

Story by Peg Augustine
Texto en español por Emmanuel Vargas

Abingdon Press

Nashville

*L*ook! There's a new kind of cross outside the church. It is made from rough wood. A purple cloth is blowing in the wind. The pastor tells us that the color reminds us that Jesus is a king. We remember that when he was born, the wise men knelt down before him.

*L*isten! The choir is singing about his birth.

"'Tis the Lord, the King of glory;" they sing.
"At his feet we humbly fall, crown him, crown him Lord of all!"

("Who Is He in Yonder Stall," by Benjamin R. Hanby, 1866.)

When they saw that the star had stopped, they were overwhelmed with joy. On entering the house, they saw the child with Mary his mother; and they knelt down and paid him homage. Then, opening their treasure chests, they offered him gifts of gold, frankincense, and myrrh.

(Matthew 2:10-11)

2

¡*M*ira! Hay un nuevo tipo de cruz afuera de la iglesia. Está hecha de madera rústica. Un lienzo púrpura sobre ella se mueve con el viento. El pastor nos dice que ese color nos recuerda que Jesús es Rey. Y entonces recordamos que cuando nació, los magos de Oriente se arrodillaron ante él.

¡*E*scucha! El coro está cantando que ya nació. Y cantan:
"¡Es el Señor, el Rey de gloria!
A sus pies humildes caemos,
¡y lo coronamos, lo coronamos
Señor de todos!"
("¿Quién es el que está en el establo?", por Benjamín R. Hanby, 1866).

Y al ver la estrella, se regocijaron con muy grande gozo. Al entrar en la casa vieron al niño con María, su madre, y postrándose lo adoraron. Luego, abriendo sus tesoros, le ofrecieron presentes: oro, incienso y mirra.
(Mateo 2:10-11)

*L*ook! The pastor is wearing a cross made from nails. She tells us that crosses help us to remember that Jesus came to earth to be our friend. She tells us that Bible stories help us to live as Jesus lived. One special story tells how much Jesus loved little children.

*L*isten! With the rest of the congregation, we sing, "Tell Me the Stories of Jesus." We wonder what it would have been like to be one of the children Jesus blessed.

Then little children were being brought to him in order that he might lay his hands on them and pray. The disciples spoke sternly to those who brought them; but Jesus said, "Let the little children come to me . . ."
And he laid his hands on them . . .
                    (Matthew 19:13-15)

¡*M*ira! El pastor está usando una cruz hecha de clavos. Nos dice que las cruces nos ayudan a recordar que Jesús vino al mundo para ser nuestro amigo. Nos dice que las historias de la Biblia nos ayudan a vivir como Jesús vivió. Una historia en especial nos dice lo mucho que Jesús amó a los pequeños.

¡*E*scucha! Con el resto de la congregación cantamos: "Cuéntame historias de Cristo". Y nos preguntamos qué se sentiría ser uno de los niños o niñas que Jesús bendijo.

Entonces le fueron presentados unos niños para que pusiera las manos sobre ellos y orara; pero los discípulos los reprendieron. Entonces Jesús dijo: "Dejad a los niños venir a mí"... [Y puso] sobre ellos las manos...

(Mateo 19:13-15)

*L*ook! We are making Easter eggs to take to a homeless shelter. Eggs remind us that new life comes each spring. Easter eggs remind us that we can have new life in Jesus. We use bright colors, stickers, and glitter to make the eggs beautiful. While we work we listen to a story about a little boy who shared his lunch. Then we sing "Jesus Loves Me." We are happy that we can share with hungry people.

Jesus said to Philip, "Where are we to buy bread for these people to eat?" . . . Andrew, Simon Peter's brother, said to him, "There is a boy here who has five barley loaves and two fish. But what are they among so many people?" . . . Then Jesus took the loaves, and when he had given thanks, he distributed them to those who were seated; so also the fish, as much as they wanted.
(John 6:5, 8, 11)

6

¡*M*ira! Estamos haciendo huevos de Pascua para llevar al refugio donde están las personas sin hogar. Los huevos nos recuerdan que la nueva vida brota cada primavera. Los huevos de Pascua nos recuerdan que podemos tener nueva vida en Jesús. Usamos colores vivos, etiquetas y brillo para adornar los huevos. Mientras trabajamos, escuchamos la historia sobre ese pequeño niño que compartió su comida. Después cantamos "Cristo me ama". Estamos felices porque podemos compartir con las personas necesitadas.

Jesús...dijo a Felipe: "¿De dónde compraremos pan para que coman estos?"... Andrés, hermano de Simón Pedro, le dijo: "Aquí hay un muchacho que tiene cinco panes de cebada y dos pescados; pero ¿qué es esto para tantos?"... Tomó Jesús aquellos panes y, después de dar gracias, los repartió entre los discípulos, y los discípulos entre los que estaban recostados; de igual manera hizo con los pescados, dándoles cuanto querían.

(Juan 6:5, 8-9, 11)

*L*ook! The greeters are handing everyone a palm branch. The adults go to their places, but we have a parade! While everyone sings, "Hosanna, loud hosanna!" we wave our palm branches high and sing along. We remember that when Jesus came into Jerusalem so long ago, the people celebrated just like we do today!

They brought the colt to Jesus and threw their cloaks on it; and he sat on it. Many people spread their cloaks on the road, and others spread leafy branches that they had cut in the fields. Then those who went ahead and those who followed were shouting, "Hosanna! . . . Hosanna in the highest heaven!"

(Mark 11:7-10)

¡*M*ira! Los ujieres están dando una rama de palma a todos. Los adultos van a sus lugares, ¡pero nosotros hacemos un desfile! Mientras todos cantan: "¡Hosana, Hosana!", levantamos nuestras palmas y también cantamos. Recordamos que cuando Jesús entró a Jerusalén mucho tiempo atrás, ¡la gente celebró igual que nosotros hoy!

Trajeron el pollino a Jesús, echaron sobre él sus mantos, y se sentó sobre él. También muchos tendían sus mantos por el camino, y otros cortaban ramas de los árboles y las tendían por el camino. Los que iban delante y los que venían detrás gritaban, diciendo: "¡Hosana! ¡Bendito el que viene en el nombre del Señor!... ¡Hosana en las alturas!"

(Marcos 11:7-10)

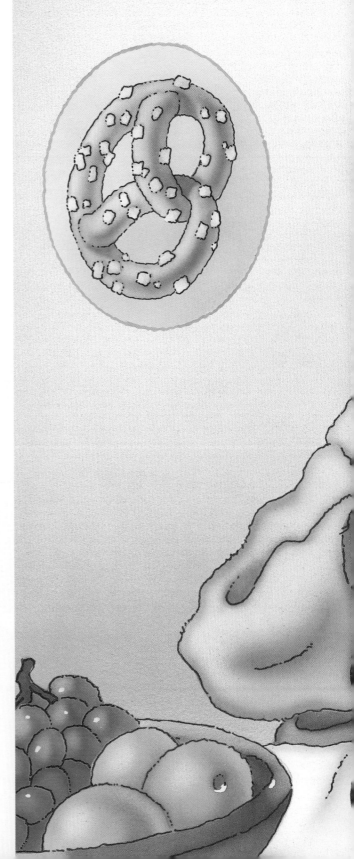

*L*ook! We are having a special snack today. It is pretzels! Before we eat them, we look at their shape. If we hold them one way, we see a heart and think of how much Jesus loves us. Then we turn it the other way. Now we see the shape of arms crossed in prayer. We listen while the pastor talks about a special meal Jesus had with his disciples. While everyone sings, "Let Us Break Bread Together," we share our snack. Then we cross our arms over our hearts and say, "Thank you" to Jesus.

He took a loaf of bread, and when he had given thanks, he broke it and gave it to them, saying, "This is my body, which is given for you. Do this in remembrance of me." And he did the same with the cup after supper.

(Luke 22:19-20)

¡*M*ira! Tenemos un bocadillo especial hoy. ¡Es un pretzel! Antes de comerlo, vemos la forma que tiene. Si lo ponemos de cierta manera, vemos un corazón y pensamos en lo mucho que Jesús nos ama. Si lo volteamos, podemos ver unos brazos cruzados como si estuvieran orando. Escuchamos al pastor que nos relata sobre una comida especial que Jesús tuvo con sus discípulos. Mientras todos cantan: "De rodillas partamos hoy el pan", comemos nuestro bocadillo. Después cruzamos nuestros brazos sobre nuestro corazón y le damos las gracias a Jesús.

También tomó el pan y dio gracias, y lo partió y les dio, diciendo: "Este es mi cuerpo, que por vosotros es dado; haced esto en memoria de mí". De igual manera, después de haber cenado, tomó la copa...

(Lucas 22:19-20)

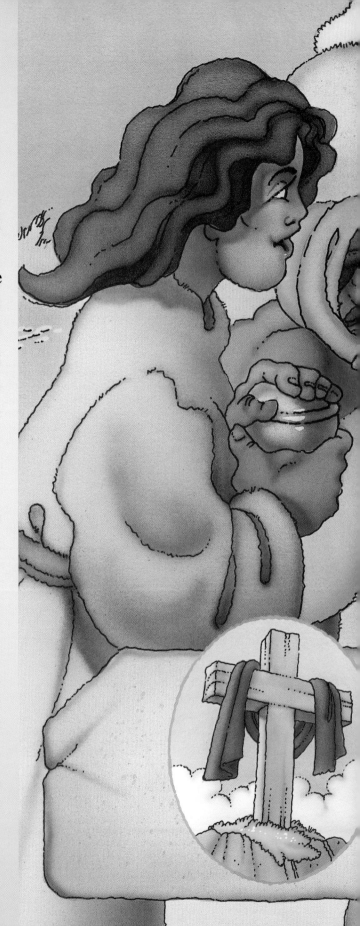

*L*ook! The cross outside the church has a different cloth today. It is black. We feel sad because we know that Jesus died on a cross.

*L*isten! The choir is singing, "Were You There?" The song tells the story of Jesus' death. We leave the church very quietly.

When they came to the place that is called The Skull, they crucified Jesus there . . . Then Jesus said, "Father, forgive them; for they do not know what they are doing."
(Luke 23:33-34)

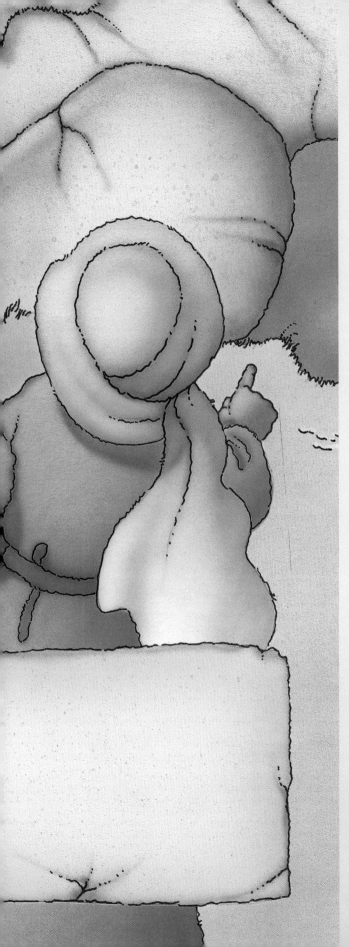

¡**M**ira! Hoy la cruz afuera de la iglesia tiene un manto diferente. Es negro. Nos sentimos tristes porque sabemos que Jesús murió en la cruz.

¡**E**scucha! El coro está cantando un himno que relata la historia de la muerte de Jesús. Así que nos vamos de la iglesia muy silenciosos.

*Cuando llegaron al lugar llamado de la Calavera, lo crucificaron allí...
Jesús decía: "Padre, perdónalos, porque no saben lo que hacen".*
(Lucas 23:33-34)

$\mathcal{L}$ook! Oh look! The cloth on the cross is white today! We hurry into the church. There are candles and flowers everywhere! The pastor holds up his hands and says, "Christ is risen!" Together, the people say, "Christ is risen, indeed!"

$\mathcal{L}$isten! The choir is singing, "Alleluia!" Everyone is smiling. It is a celebration! Christ is risen indeed!

After the sabbath, . . . Mary Magdalene and the other Mary went to see the tomb. And suddenly there was a great earthquake; for an angel of the Lord, descending from heaven, came and rolled back the stone and sat on it. . . . The angel said to the women, "Do not be afraid; I know that you are looking for Jesus who was crucified. He is not here; for he has been raised, as he said."
(Matthew 28:1-2, 5-6)

14

¡*M*ira! ¡Mira! ¡Hoy el manto sobre la cruz es blanco! Nos apuramos para llegar a la iglesia. ¡Hay luces y flores por todas partes! El pastor levanta sus manos y dice: "¡Cristo ha resucitado!" Y toda la gente responde: "¡Cristo ha resucitado en verdad!"

¡*E*scucha! El coro está cantando: "¡Aleluya!" Y todos están sonriendo. ¡Es una gran celebración! ¡Cristo en verdad ha resucitado!

Pasado el sábado… fueron María Magdalena y la otra María a ver el sepulcro. De pronto hubo un gran terremoto, porque un ángel del Señor descendió del cielo y, acercándose, removió la piedra y se sentó sobre ella… El ángel dijo a las mujeres: "No temáis vosotras, porque yo sé que buscáis a Jesús, el que fue crucificado. No está aquí, pues ha resucitado, como dijo".
(Mateo 28:1-2, 5-6)

15

"For God so loved the world that he gave his only Son, so that everyone who believes in him may not perish but may have eternal life."

(John 3:16)

"De tal manera amó Dios al mundo, que ha dado a su Hijo unigénito, para que todo aquel que en él cree no se pierda, sino que tenga vida eterna".

(Juan 3:16)